창연
디카
시선
021

양 재 성 디카시집
Dicapoem by Yang Jae Sung

기억의 모자이크

■ 작가의 말

  사물과 현상의 본질에 대한 의문을 안고
  지난날을 반추하는 시간이 늘어가는 요즘,
  무상에서 찰나 이미지를 얻고 사족을 붙여 디카시집을 낸다.
  이 또한 무상이고 찰나일진저, 모든 것이 감사하고 고마울 따름이다.

2024년 10월
양재선

차례

작가의 말 • 3

1부_공중의 수행자
백련에게 • 11
분수 • 12
모순의 현장 • 13
거리두기 • 14
자명고 • 15
체중계 • 16
돌하르방 • 17
임 그리매 • 18
전설 • 19
그러기에 • 20
공중의 수행자 • 21
까치집 • 22
바위 • 23
급행료 • 24

2부_쇠똥구리
소망 • 27
매듭 • 28
기수역 • 29
피카소의 후예 • 30
쇠똥구리 • 31
A4 • 32
출사표 • 33
수선화 • 34
흔적 • 35
공개 법정 • 36
탓 • 37
고행 • 38
보름달 • 39
대숲의 메아리 • 40
희망가 • 41
기다림 • 42
이곳에서 말해줘 • 43
트라우마 • 44
피뢰침 • 45
장군봉 이야기 • 46
춘곤증 • 47
용의 눈물 • 48

3부_단순한 이치
변신 • 51
워낭소리 • 52
신통방통 • 53
봄날 • 54
동병상련 • 55
감시자 • 56
둥지 • 57
청령정 • 58
신의 레고 • 59
표지판 해석 • 60
좁은 문 • 61
단순한 이치 • 62
순간 포착 • 63
신신당부 • 64
초혼 • 65
청소기의 항변 • 66

4부_공통 분모
폐교에서 • 69
혈서 • 70
막걸리 • 71
철갑 고래 • 72
집중과 선택 • 73
우담바라 • 74
증거 • 75
청령포 관음송 • 76
구도의 층계 • 77
공통 분모 • 78
하부구조 • 79
공룡알 • 80
점령군 • 81
용이 나르샤 • 82
투지 • 83
섬과 호수 • 84
실루엣 • 85
부도 • 86
경외심 • 87

■ 작품 해설
『뚫림』에서 『디카』로
　－「묶임」에서 「풀림」으로
고영조(시인·전 경남문화예술원장) • 89

1부
공중의 수행자

백련에게

붉은 꽃잎
씻고 바래기를 그 얼마나 하였기에
흰 꽃으로 피었는가

나 몇 생을 돌고 돌아야
너처럼 거듭날거나

분수

낮은 데로만 흐른다고
물로 보지 마오

하늘로 솟구칠 힘을
물속 깊이 감추고 있거늘

모순의 현장

이 창은…
이 방패야말로…

그럼, 그 창으로 그 방패를…

거리두기

삶에도 거리가 필요한 법
달리는 속도만큼 거리를 두어
서로 부딪히지 말라는 것

자명고

낙랑 공주님!

사랑 때문에
제발 나를 찢지 마세요

체중계

궁남지 후궁 오리들
연잎에 올라 몸무게를 잽니다

슬슬 가라앉는 걸 보니 그새 몸이 불었나 봐요

"어머나, 이를 어째…"

돌하르방

거친 역사의 풍랑을 건너
탐라의 혼을 지키고 있는

임 그리매

절망과 좌절에서 「깃발」을
존재의 근원에서 「생명의 서」를
초월적 의지에서 「바위」를
인류애의 구현에서 「행복」을 빚은

시혼의 기승전결을 읊노라면

전설

파도가 갓 씻워 만든 전설을
갈매기가 바다로 물어 나르고

바다를 건져 올린 고깃배는
펄떡이는 전설이 가득

그러기에

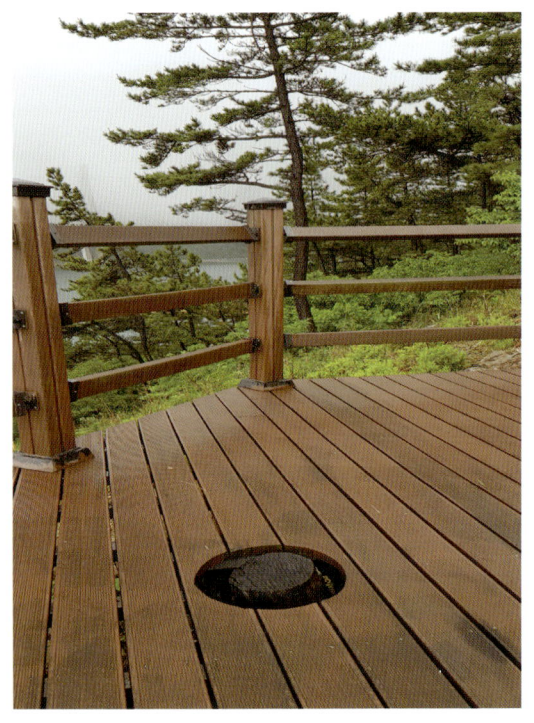

옛말에
설 자리며 앉을 자리
누울 자리가
따로 있다지 않든가

공중의 수행자

대웅전 벽에 그려진 십우도
그 끝은 ○이라네

풍경소리를 그물에 켜켜이 두르고
면벽에 든 왕거미

까치집

괴는 맘 연신 날려도 답 없는 까닭

까치들이 밀어를 가로채
둥지를 짓기 때문

바위

바위도
깎고 다듬고 비우면
세상을 비추는 부처가 되는데

급행료

예전 한때
등초본 떼는데도 급행료가 있었다는데

아직도 급행료가 있는 곳
하-이-패-스

2부
쇠똥구리

소망

안으로 든 소망은
그대로인데

밖으로 튄 소망은
꽃이 되어 피었네

매듭

꼬인 마음은 올가미 되어
상처로 남는 법

풀지 못한 매듭이
아직도 남아 있는가

기수역

샘물이 여정에서 얻은
내, 천, 강, 호수 등
얻은 이름들을 버리고 바다가 되는

민물과 갯물의 경계

피카소의 후예

하루를 마감한 창문이 닫히고
밤을 익히는 불빛

유년의 기억처럼
봄바람에 흩어지는 꽃잎들

- Copy by GIJA KIM

쇠똥구리

똥으로 청심환을 빚는 화타의 후예

똥 밭에 굴러도 이승이 낫다는 그 말씀
몸소 새기는 중

A4

종잇장이라고 얕보지 마라
숨겨진 예리함에
핏빛 손가락을 움켜쥘 수 있으니

출사표

뿌리로는 땅의 너비를 재고
줄기로는 하늘의 높이를 재고
때로는
흔들리는 인심도 재단하려 하오

수선화

하얀 블라우스 여고생이
앞서 살짝 떨어뜨리고 간

노란 손수건

흔적

그리 오래전 일도 아니다

너나없이 굶주리며
허리띠 꽉 졸라매야 했던 시절이

공개 법정

신랑에게 내려진 선고
"가석방 없는 종신형"

늑대를 사냥개로 길들일 채찍을
드레스에 감추고 몰래 미소 짓는
조련사 신부

탓

애가 먼저 했어요!
아녜요~! 쟤가 먼저 했어요!!

고행

토굴 수행 중
갈증에 석룡 앞서 나오고
돌거북도 뒤따라 샘가로 오는

멀고 힘든 길

보름달

너무 차서 아쉽다
일요일 저녁 같아서

금요일 오후처럼
반쯤 찬 술잔처럼
기대와 설렘의 상현달쯤이

대숲의 메아리

임금님 귀는 당나귀 귀
시종장 귀도 당나귀 귀
네 귀 내 귀
모두 귀머거리 귀

희망가

이 풍진 세상을 만났으니

동서 좌우 흑백
모두 어우러져 살아보세

기다림

깃발은
불어올 바람을 기다리고

바람은
깃발의 펄럭임을 기다리는 한낮

이곳에서 말해줘

고맙소
또 고맙소
정말 고맙소

트라우마

허리를 파고들어 창칼이 되어버린

'보호'라는 이름의 '가해'

피뢰침

타는 민심을 위로 전하고
노한 천심을 아래로 전하며

하늘과 땅을 잇는
신의 삼지창

장군봉 이야기

뒤에는 미륵산 앞엔 장군봉…
미륵산 줄기 뻗어 장군봉 되어…

귓가에 맴도는 노랫말 교가

춘곤증

이고 지고 서서
밤새도록 안내하던 길라잡이
깜박 졸다

용의 눈물

빛나는 여의주를 눈앞에 두고도
가질 수 없는 아픔

3부
단순한 이치

변신

활자를 벗어난 언어들이
이념의 푯대 위에서
힘차게 나부끼고 있는

워낭소리

늙은 소 떠난 뒤
논밭 갈던 경운기마저 낡아

기침 쿨룩대는 할아범 귓가에
아직도 들려오는 워낭소리

신통방통

어제까지 없었는데

거참,
하룻밤 새 어디서 나왔는고

봄날

젖 물리던 엄마와
화들짝 놀란 아이들

바람도 무안해서 숨죽인 봄날

동병상련

신분 상승을 꿈꾸며
상판으로 고개를 내민 갈대의
도전을 응원하는 이유

감시자

아수라를 쫓는 눈
혼돈의 세상에 야차가 넘치니
어찌 잠시인들 눈을 감으랴

둥지

장차 껍질을 깨고 나오는 날

새처럼 훨훨
하늘 높이 나는 거야

청령정

둔덕 들녘 잠자리 떼
발그레 익어가면

청령정도 시샘하듯
연지로 곱게 단장을 하고

신의 레고

바윗돌 레고 쌓기

아슬아슬 위태로운
지붕 위의 묘기

표지판 해석

빗길처럼 미끄러운 세상에서
남자가 100세 시대를 살려면

삶의 속도 줄이시고
급커브길 조심하시고
여성 잘 살피시고 손자도 잘 봐주시고

좁은 문

무상심심미묘법 백천만겁난조우
(無上甚深微妙法 百千萬劫難遭遇)

깨달음의 세계로 들어가는
좁은 문

단순한 이치

촘촘한 안테나로
민심을 잘 듣고

빼곡한 스피커로
태평가를 들려주는 것

아주 단순한 세상 다스리는 이치

순간 포착

새우깡에 홀린 갈매기를
순식간에 낚아채는
황금 손

신신당부

"당신은 무엇과도 바꿀 수 없는
소중한 것을 잡고 계십니다.
흘리지 말고 정중앙을 조준해서 발사해 주십시오!"

초혼

창살을 타고 올랐건만
의지할 곳 없는 허공

누군가
부디 내 손을 붙들어 주오

청소기의 항변

밑바닥을 긴다고 괄시 마오
누군가 쓸고 닦기에
세상이 깨끗한 것

4부
공통 분모

폐교에서

향나무도 그늘지어
반공소년 이승복을 보살피고

기린은 목 길게 빼고 서서
돌아올 아이들 기다리고 있는

혈서

공사장에 저당잡힌 처자의 삶
혈서로 쓴 아우성
옹벽에 가로막힌 내일

막걸리

더는
위스키 샴페인을 거론치 말라
쌓인 분노가 폭발할 수 있으니
일당 공친 날 오후

철갑 고래

바다 지킴이
철갑 고래 한 마리

멀리 호시탐탐 포경선은 노리고

집중과 선택

베란다에 앉은 참새 몇 마리
사냥 성공 변수와 위험부담
온종일 고차함수 계산 중

우담바라

심지 태워 빚은 소망의 꽃
초와 촛농의 경계는 어디이며
간구하던 소망은 이루었는가

증거

세상도 이처럼 유연하게
살아갈 수 있음을 보여드리오니…

청령포 관음송

어린 원혼 굽어살핀 지
어언 육백 년

이젠 그대도 나이 들어
힘이 부칠세 그려

구도의 층계

오르고 또 오르라

찾으면 보이고
두드리면 열릴지니

공통 분모

엄마가 아닙니다

자식의 자식까지 키우느라
늙음도 누리지 못하는

엄마의 어머니

하부구조

맑은 윗물만큼
흐린 아랫물의 흐름도 중요하다네

무릇 사람 사는 세상도
그러할진저

공룡알

숱한 발길질에 멍든 몸
둥지를 찾아들어

천둥번개로 부화되어
승천할 날 기다리며 잠든

점령군

도심에서 안방까지
쓴맛으로 중독시킨 커피 군단

절집마저 접수하다

용이 나르샤

목마름도 참고
기우제에 뿌려줄
물통을 들고 나르는 중

투지

바닥을 뚫고 솟아
제 영역을 주장하는
소나무의 기상

섬과 호수

너는 호수
나의 뭍에 고인 물

나는 섬
너의 물에 뜬 뭍

우리는 풍경

실루엣

햇살이 좋다는 첨성대의 기별에
봉긋이 일광욕을 즐기시는

서라벌의 여왕님

부도

나는 누구이며, 어디서 왔는가?

무엇 하러 왔으며,
무엇을 하고 있는가?

또 어디로 갈 것인가?

경외심

바위를 뚫고 뿌리 내린
그대에게 경의를

■ 작품 해설

『뚫림』에서 『디카』로
-「묶임」에서 「풀림」으로

고영조(시인·전, 경남문화예술진흥원장)

■ 작품 해설

『뚫림』에서 『디카』로
– 「묶임」에서 「풀림」으로

고영조(시인·전, 경남문화예술진흥원장)

  유난히 더운 여름날 창을 열고 아우의 새 시집 원고를 읽는다. 매미 소리 드높고 시냇물 창창하다. 이만하면 시를 읽어도 막힘이 없다. 지난 제3시집 『뚫림』을 나란히 놓고 본다. 하나는 무겁고 새 시집은 밝다. 그래서 묶임에서 풀림으로 발문한다.

  …
  짧은 청춘의 남정은
  두개골에 구멍 뚫린 유해로 돌아오고
  통곡하던 제주의 피바람마저
  빈 허벅에 멍에만 지워 육지로 내몰았던
  4·3의 젊은 청상과 서러운 오누이
  …

성긴 머리카락
　　삼단처럼 질긴 세월의 물레질도 멎고
　　간신히 부여잡은 기억마저도 삭아

　　…

　　손잡는 자식들을 낯설게 바라보는
　　기다림마저 잃은 시선
　　　　　- 시「기억의 저편」부분

　제3시집『뚫림』에서 보는「기억의 저편」은 제주 4·3사건으로 희생된 가족사를 시화한 것이다.
　짧은 청춘의 남정은 두개골에 구멍 뚫린 유해를 안고 통곡하는 청상의 할머니를 주제로 한 서러운 민족사를 읽다가 오늘은 너무도 다른 새 시집을 읽는다.

　디카시 형식으로 쓴 새 시집의 시들은 소재와 형식에서 전혀 다른 모습이다.
　전 시집은 현실 비판적이고 새 시집은 사물과 직접 만나는 순간의 포착적이며 직관적이고 시각적이다.

　글쓰기는 소재와 주제에 따라 형식도 달라지고 표현도 달라진다. 서사적이고 현실 비판적인 시는 사회적 현상들을 소재로 하여 저항, 고발, 비판의 형식을 취하는 반면 사물을 관조하는 심미적인 글은 직관적이고 사유적이다. 전자는 말하려고 하고 후자는 말하지 않고 이미지를 넌지시 보여준다.
　이번 시집의 디카시란 형식은 다양화된 현대시의 한

양상이며 특징이기도 하다. 디카시는 마음과 렌즈가 만나는 복합 이미지의 세계다. 마음과 눈이 투사된 사물을 렌즈가 순간 포착하여 멈추게 한다.

우리는 이 렌즈의 이미지를 통하여 사물의 상투적인 시야를 뚫고 나가 감추어진 물상의 아름다움을 느끼게 된다. 지난 세기 이 카메라가 탄생하여 사진과 회화가 영역을 공유했다. 그리고 이제 사진과 시가 영역을 공유하면서 인간 정서를 표현하는 또 다른 기능을 함께 하게 되었다.

이 카메라는 문자로써 기록할 수 없는 내밀한 것까지 묘사하여 우리에게 새로운 정서를 승화하여 놀라운 세계를 보여준다. 이번 시집 『기억의 모자이크』가 그렇다. 전 시집 『뚫림』을 벗어나와 시집 전체가 여름밤의 반딧불처럼 반짝인다.

시인과 나는 어두운 들판에 나와 말없이 명멸하는 존재의 신호를 본다. 전체 구성도 그렇다. 페이지 없는 시들, 뒤돌아보는 꽃들 현학적이지 않고 단순한 표현들이 마음을 맑게 한다.

시 「거리두기」는 고속도로 표지판이다. 소재적인 측면에서는 팝아트다. 부딪치지 말고 살라는 위트가 암시적이다. 거리두기란 말이 언제부터 써졌던가! 코로나19부터인가? 너무 가까우면 시끄럽고 너무 멀면 잊혀진다. 부디 부딪치지 말자.

삶에도 거리가 필요한 법
달리는 속도만큼 거리를 두어
서로 부딪히지 말라는 것
　　-「거리두기」

「하이패스」는 지난 시대의 급행료라는 말을 결합시켜 미소 지으며 그 시절을 돌이켜 보게 한다. 급행료라는 뒷돈을 낸 사람은 하이패스를 하지만 다른 사람은 순서가 뒤로 밀리고 오랫동안 기다려야 했다. 이 사수한 풍경이 급행료라는 말의 잔영으로 오래 남는다. 이 시에서 과거와 현재라는 두 개의 아이러니를 본다.

디카시-사물을 열린 마당에서 놓여있는 그대로 조작하지 않고 만들지 않고 그 순간 그 편린을 그대로 보여주는 시, 일상생활 중 우리 마음을 스치고 지나가는 것들의 편린을 붙잡아 시로 형상화 시키는 것이 자신의 시론이라고 말했던 존 애쉬베리 시론을 떠올리게 한다. 위트와 아이러니, 사물의 뒷면을 보려고 한 시인의 번득이는 감각은 다양한 시론에 앞서 예나 지금이나 다름없는 시 쓰기의 핵심이 아닐까.

 예전 한때
 등초본을 떼는데도 급행료가 있었다는데

 아직도 급행료가 있는 곳
 하-이-패-스
   -「급행료」

그리고 시인은 끊임없이 자신과 상통하는 이미지를 찾기 위해 탐색한다. 여기서 저기로 저기서 또 저기로 동분서주한다. 이렇게 만난 파노라마식 이미저리는 우리 가슴에 파문과 그림자를 던진다. 인용한 시「흔적」

「매듭」「트라우마」는 시적 대상이 철사로 모두 묶여 있다.

지금도 세계의 구석구석에서는 묶고 찌르는 전쟁이 끊임없이 일어나고 있다. 어제오늘의 일이 아니다. 단 한 시간도 멈추지 않는 전쟁. 많은 사람들이 자유를 빼앗기고 묶인 채 신음하고 있다.

이 세 편의 시적 편린들은 사물 그 자체로서 그 모든 은유와 상징, 질문과 답변을 담고 있다. 「트라우마」는 죽창을 든 사람들의 보호와 억압이라는 칼을 숨긴 이중성을 고발하고 있다.

그의 시선은 언제나 상처받은 사물을 향해 있다. 시의 내면에는 정의와 평등이란 두 눈이 어둠에서 빛을 빛에서 어둠을 보고 있다. 그리고 이 실체와 암시의 이중 이미지를 통해 우리에게 메시지를 전하려고 한다.

꼬인 마음은 올가미 되어
상처로 남는 법

풀지 못한 매듭이
아직도 남았는가
　　　　－「매듭」

그리 오래전 일도 아니다

너나없이 굶주림에
허리띠 꽉 졸라매야 했던 시절이
　　－「흔적」

허리를 파고들어 창칼이 되어버린

'보호'라는 이름의 '가해'
　-「트라우마」

 보고, 듣고, 느끼는 소박한 시, 익숙해져서 상투적인 것들을 극복하려는 디카와 시의 결합을 새 시집에서 본다. 만약 디카시에서 사진이라는 이미지의 외연성만 중요시하는 경향이 있다면 고쳐야 한다고 생각한다. 그리고 디카시가 풍부한 내포적 의미를 갖고 있는 시의 언어로 재탄생할 때 카메라 언어가 문학언어가 될 수 있다고도 생각한다. 이미지만으로써 시의 전부가 될 수 없다. 오늘 이 순간 처음 본 것처럼! 처음 태어난 것처럼 낯설어야 한다.

어제까지 없었는데

거참,
하룻밤 새 어디서 나왔는고
— 「신통방통」

시 「폐교」에는 우리들의 한결같은 소망이 담겨 있다. 「폐교」는 인구가 소멸하는 고향의 이야기다. 이런 현상은 인구절벽의 전국적인 현상이다. 특히 농촌마을의 소멸은 격변하는 시대의 한 모습이다.

뙤약볕 아래서 우리는 기린과 같이 목을 길게 빼고 기다린다. 그러나 그 기다림에 부응할 날은 결코 오지 않는다는 것을, 그 참담함을 우리는 안다. 한 시대의 울부짖음이 이 시의 내면에 깊이 담겨 있다. 우리가 버린 고향에는 그 누구도 다시 돌아오지 않을 것이다. 그리고 마침내 빙하의 시간이 올 것이다.

향나무도 그늘지어
반공소년 이승복을 보살피고

기린은 목 길게 빼고 서서
돌아올 아이들 기다리고 있는
　　　－「폐교에서」

　시「하부구조」는 시인의 사유가 잘 드러난 시다. 그는 언제나 보이는 곳보다 보이지 않는 곳을 말하려 한다. 보이지 않는 곳 그곳에 사람이 있다. 재미있는 비유도 있다. 인류를 위해 가장 많은 기여를 한 직업은 무엇일까? 의사도 과학자도 아니란다.
　누구일까. 보이지 않는 곳에서 일하는 배관공이란다. 버려지는 모든 것을 배관공이 처리한다. 보이지 않는 곳에서 배설물, 오폐수를 처리하는 배관공은 위대하다. 미국의 직업군 중에서 상위 랭크되는 직종도 배관공이라고 한다. 미국 사람들은 보이지 않는 곳에서 일하는 가치를 진작 알고 있었던 것이다. 양재성 시인도 시「하부구조」를 통해 그것을 말한다.

맑은 윗물만큼
흐린 아랫물의 흐름도 중요하다네

무릇 사람 사는 세상도
그러할진저
　　　　　－「하부구조」

 후담이지만 6~70년대에는 시화전을 많이 열었다. 시와 그림을 한 화면에 놓고 그 시적 정취를 화가와 시인이 함께 느끼며 환담하던 때가 있었다. 낭만적이었다. 예부터 詩中有畵 畵中有詩라 했다. 시 속에 그림이 있고 그림 속에 시가 있다. 그리고 뜻은 말로 다할 수 없다. 라고도 했다. 그래서 형상으로써 뜻을 전하는 立象盡意라는 이론도 있어 왔다. 이 모두가 시와 그림, 시와 이미지와의 관계를 일컫는 말이다. 오늘날 디카시도 그

런 맥락에서 생겨난 말이 아닐까 한다.

　보고 싶은 것을 찍고 찍은 것을 다시 언어로 찍는 디카시,
　이때 사진의 이미지와 생각의 이미지인 심상은 분별이 없다. 소재가 바로 작품이 되는 시학. 전술한 바와 같이 나는 이것을 또 하나의 문학적 다양성이라고 생각한다. 그런 면에서 디카시도 팝아트와 같은 미적자유이론의 새로운 발현이라 할 수 있지 않을까. 디카와 시를 구현한 시인의 새로운 시 세계를 기대한다.

창연디카시선 021

기억의 모자이크

2024년 10월 10일 초판 1쇄 발행

지 은 이 | 양재성
편　　집 | 이소정
펴 낸 이 | 임창연
펴 낸 곳 | 창연출판사
주　　소 | 경남 창원시 의창구 읍성로 36
출판등록 | 2013년 11월 26일 제2013-000029호
전　　화 | (055) 296-2030
팩　　스 | (055) 246-2030
E - mail | 7calltaxi@hanmail.net

값 15,000원
ISBN 979-11-91751-64-2　　03810

ⓒ 양재성, 2024

* 이 책의 판권은 저자와 창연출판사에 있습니다.
* 양측의 시면 동의 없이 무단 전재나 복제를 금합니다.
* 이 책은 경남문화예술진흥원의 보조를 받아 출판을 하였습니다.